ANKOMMEN!

So lernen Menschen aus aller Welt richtig Deutsch!

BAND 1: Grammatik A1/A2
Deutsch als Fremdsprache
von Elke Günzel

ANKOMMEN
Band 1: Grammatik A1/A2
Deutsch als Fremdsprache
von Elke Günzel

Begleitband zum Lehrbuch A1/A2 Band 1 von 3 Bänden.
Als Begleitmaterial ist außerdem erhältlich:
Übungsbuch, Wortschatz, Lehrbegleitbuch.

ISBN 9 - 789 403 - 623 665

Vollständige Überarbeitung des Lehrwerks „Ankommen in Deutschland"
Copyright 1997 Verlag für Deutsch,
Copyright 2001 im Hueber Verlag.

Der Teilband „Grammatik" war in der alten Ausgabe in die Kapitel des Arbeitsbuchs integriert. Nun erscheint die Grammatik völlig neu und farbig gestaltet als Einzelband zum Lernen und Nachschlagen des Regelwerks der deutschen Grammatik.

Copyright 2021 „ANKOMMEN" Selfpublishing bei Bookmundo.
Von der Autorin aktualisiert mit neuem Titel,
neubearbeitet mit neuem eigenen Layout.

Umschlaggestaltung: Arthur Otte

Vorwort

Der Ergänzungsband „Grammatik" ist sowohl Lerngrammatik als auch Nachschlagewerk. Eine Grundeinteilung grammatischer Phänomene wird vorgenommen. Diese strukturiert die deutsche Sprache für Lernende.

◊ Rot ist alles, was mit Verben zu tun hat. Im ersten Band kann man so vollständig alle starken Verben, sowie die Modalverben des Deutschen im Präsens lernen. Mit derselben Vollständigkeit erwartet die Lernenden im zweiten Band das Perfekt und im dritten das Präteritum, wobei die Verben nach den jeweiligen Vokalen getrennt werden (Wechsel von e nach ie/i oder a nach ä im Präsens zum Beispiel).

◊ Alles, was mit der Deklination des Nomens zusammenhängt, wird in der Grammatik gelb markiert, also auch die damit verbundene Deklination der Pronomen und die Kasusfolge bei den Präpositionen. Auch der Kasus hat eine festgelegte Farbe: gelb der Nominativ, dunkelgrün der Akkusativ, blau der Dativ und orange der Genitiv.

◊ Hellgrün signalisiert hingegen den Satzbau. Im ersten Band beschränkt sich dieser im Wesentlichen auf Hauptsätze und ihre Verneinung. Im zweiten Band wird den Nebensätzen große Aufmerksamkeit geschenkt.

Inhaltsverzeichnis

Hinweis zum Gebrauch der Grammatik

Jedes Thema behandelt diese Grammatik immer möglichst vollständig.
Das bedeutet: Man kann einige Teile auch später lernen und nachschlagen.
Die Wortlisten kann man zum Beispiel auch nach und nach lernen oder wiederholen.

Die Farben

Damit es übersichtlich wird, gibt es durchgehende farbige Markierungen:

■	gelb	Nomen und alle Wortarten, die man deklinieren kann, also auch Pronomen, oder die man mit dekliniertem Artikel benutzen muss, also auch Präpositionen.
■	rot	Verben
■	grün	Satzbau und Veränderung des Satzbaus, zum Beispiel durch Verneinung oder durch Konjunktionen in Haupt- und Nebensätzen (ab Band 2).

Wie im Wortschatz sind die Nomen nach Geschlecht markiert:

der die das

Auch der Kasus der Nomen ist durchgehend farbig:

Nominativ **Akkusativ** **Genitiv** **Dativ**

Das Verb

Was ist ein Verb?

Verben (Wortart) sind im Satz als sogenannte Prädikate (Satzglied) das zentrale Element der Aussage. Sie drücken die Tätigkeit, den Vorgang oder den Zustand aus.
Das Verb konjugiert man. Das heißt: Das Verb hat einen unveränderlichen Stamm und eine Endung, die sich verändert.

Das regelmäßige Verb

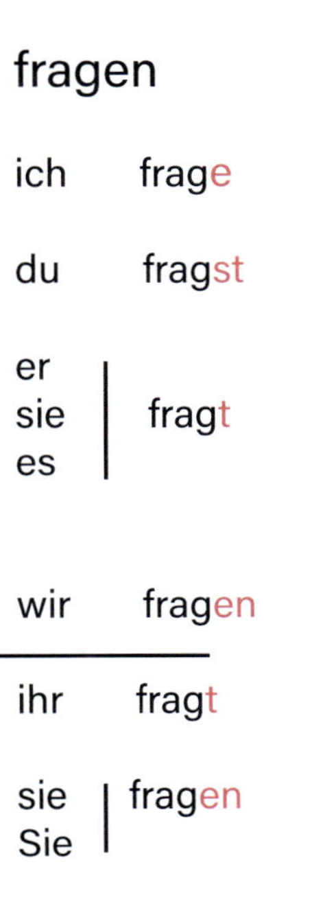

fragen	
ich	frage
du	fragst
er / sie / es	fragt
wir	fragen
ihr	fragt
sie / Sie	fragen

Ebenso konjugieren Sie die bereits bekannten Verben:

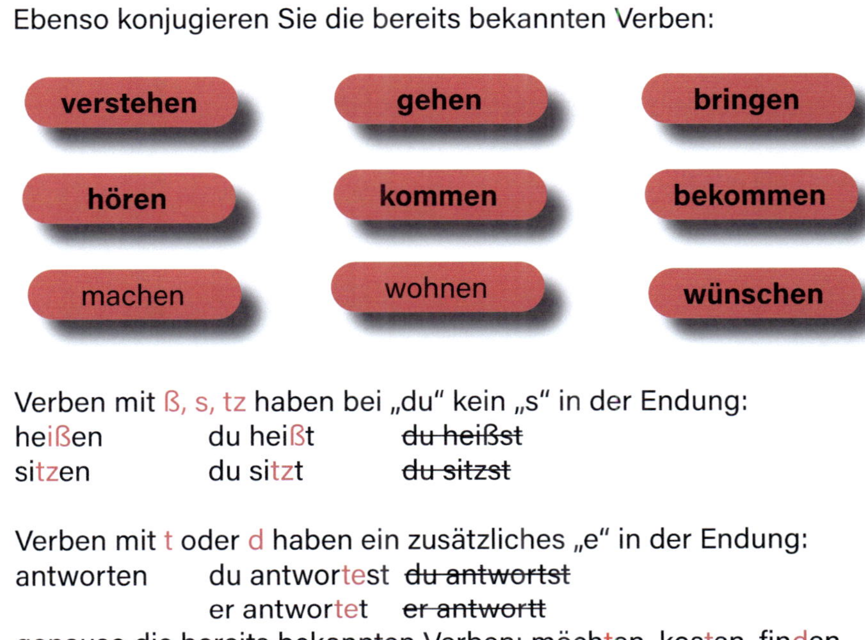

Verben mit ß, s, tz haben bei „du" kein „s" in der Endung:

heißen	du heißt	~~du heißst~~
sitzen	du sitzt	~~du sitzst~~

Verben mit t oder d haben ein zusätzliches „e" in der Endung:

antworten	du antwortest	~~du antwortst~~
	er antwortet	~~er antwortt~~

genauso die bereits bekannten Verben: möchten, kosten, finden.

Das unregelmäßige Verb

Diese Verben haben einen Vokalwechsel
Zum Beispiel von e → i oder von e → ie.

oder

sie verändern sich ganz, auch im Stamm.
Zum Beispiel die Verben haben und sein.

sprechen		lesen		haben		sein	
ich	spreche	ich	lese	ich	habe	ich	bin
du	sprichst	du	liest	du	hast	du	bist
er / sie / es	spricht	er / sie / es	liest	er / sie / es	hat	er / sie / es	ist
wir	sprechen	wir	lesen	wir	haben	wir	sind
ihr	sprecht	ihr	lest	ihr	habt	ihr	seid
sie / Sie	sprechen	sie / Sie	lesen	sie / Sie	haben	sie / Sie	sind

Das Nomen

Was ist ein Nomen?

Nomen (Wortart) sind Lebewesen, Dinge und Begriffe.
Sie beginnen immer mit einem Großbuchstaben.
Sie haben ein von drei Geschlechtern:

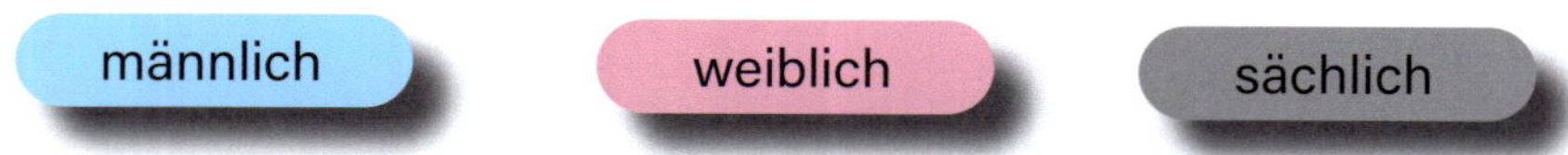

Nomen werden entsprechend von den Artikeln begleitet.

Der bestimmte Artikel lautet:

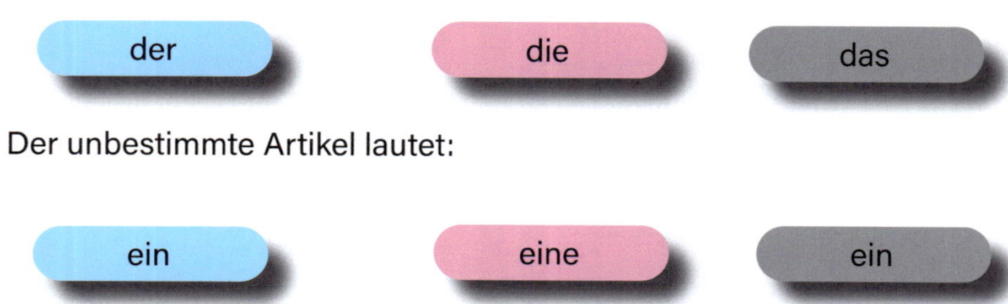

Es können ein oder mehrere Lebewesen, Gegenstände oder Begriffe gemeint sein.

Ist es eines, dann steht das Nomen im **Singular,** mehrere nennt man **Plural.**
Für den Plural gibt es Endungen. Sie kommen an das Nomen.
Der bestimmte Artikel lautet: die.
Ist unbestimmt gemeint, kommt kein Artikel davor.

Nomen mit bestimmtem Artikel		**Nomen mit unbestimmtem Artikel**	
Singular	**Plural**	**Singular**	**Plural**
der Mann	die Männer	ein Mann	Männer
die Frau	die Frauen	eine Frau	Frauen
das Kind	die Kinder	ein Kind	Kinder

Tipps zum richtigen Lernen:

- Lernen Sie die Nomen immer mit bestimmtem Artikel.
  Sie können das Nomen nur richtig benutzen,
  wenn Sie wissen, ob es männlich, weiblich oder sächlich ist.

- Im Wörterbuch finden Sie die Abkürzungen:
  - m. (lateinisch: maskulinum) für männlich
  - f. (lateinisch: femininum) für weiblich
  - n. (lateinisch: neutrum) für sächlich.

Das Nomen (Geschlecht) 1

a.) Wann ist ein Nomen männlich (maskulin)? oder: Wann sagen wir „der"?

Regel 1: **Wir machen aus einem Verb ein Nomen.**
Ohne Endung „- en" sind diese Nomen meistens männlich (maskulin).

Beispiele:
kaufen - der Kauf
einkaufen - der Einkauf
anrufen - der Anruf
besuchen - der Besuch
gehen - der Gang
klingen - der Klang
wünschen - der Wunsch
verstehen - der Verstand
blicken - der Augenblick
planen - der Plan

Regel 2: **Nomen mit den Endungen - ig und -ling**

Beispiele:
der Ess**ig**
der Früh**ling**
der Pudd**ing**

Regel 3: **Bestimmte Wortgruppen:**
- alkoholische Getränke
- Zeiten
- Wetter und Himmelsrichtungen

Beispiele:

Alkoholische Getränke:	der Wein, der Sekt, der Wodka	
Zeiten:	der Montag, der Dienstag	... aber: die Woche
	der Tag, der Morgen, der Mittag, der Abend	... aber: die Nacht
	der Monat, der Januar, der Februar...	
	der Frühling, der Sommer, der Herbst, der Winter	
Wetter und Himmelsrichtungen:	der Regen, der Wind, der Schnee	... aber: die Sonne (und der Mond)
	der Norden, der Süden, der Osten, der Westen	

Das Nomen (Geschlecht) 2

b.) Wann ist ein Nomen weiblich (feminin)? oder: Wann sagen wir „die"?

Regel 1: **Nomen mit der Endung - e**
diese Nomen haben meistens 2 Silben.

Beispiele:

die Liebe
die Straße
die Lampe
die Rose
die Dame
die Liste
die Kiste
die Dose
die Tube
die Flasche
die Karotte
die Erbse
die Bohne
die Tomate
die Gurke
die Birne
die Banane
die Zitrone
die Aprikose
die Melone
die Soße
die Tasche
die Schokolade
die Suppe
die Speise

aber: der Käse, der Name.

Regel 2: **Nomen mit der Endung - ung und -ei und -heit und -keit**

Beispiele:

die Wohnung
die Packung
die Einweihung
die Prüfung
die Zeitung
die Bäckerei
die Konditorei
die Metzgerei
die Wäscherei
die Gelegenheit
die Möglichkeit

Regel 3: **Zahlen**

Beispiele:

die Eins
die Zwei
die Million.
die Zahl

Das Nomen (Geschlecht) 3

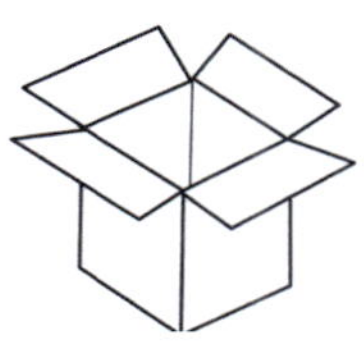

c.) Wann ist ein Nomen sächlich (neutral)? oder: Wann sagen wir „das"?

Regel 1: **Wir machen aus Verben Nomen.**
Mit der Endung -en.

Beispiele:

essen - das Essen
geben - das Geben
trinken - das Trinken
nehmen - das Nehmen

Regel 2: **Nomen mit der Vorsilbe „Ge-"**

Beispiele:

das Gemüse, das Getränk, das Gebirge
aber: die Geduld

Regel 3: **Nomen mit der Endung - chen und -lein**

Beispiele:

das Mädchen
das Paket - das Päckchen
das Haus - das Häuschen
die Flasche - das Fläschchen
der Zettel - das Zettelchen
das Buch - das Büchlein

Regel 4: **Nomen mit der Endung - nis**

Beispiele:

das Zeugnis
das Ergebnis
das Verhältnis

Das Nomen (Komposita)

Komposita sind zusammengesetzte Nomen

Nomen kann man aus zwei oder drei Nomen zusammensetzen.
Das letzte Nomen bestimmt: „der", „die" oder „das":

Beispiele:

der Bahnhofsschalter

= 3 Nomen:

die Bahn + der Hof + **der** Schalter

= **der** Bahnhofsschalter

Weitere Beispiele:

die Post + der Schalter = der Postschalter

das Telefon + das Buch = das Telefonbuch
die Wörter + das Buch = das Wörterbuch

der Wein + die Flasche = die Weinflasche
das Bier + die Flasche = die Bierflasche

Das schwache Verb

Lesen Sie noch einmal in Kapitel 1, Grammatik: „Das Verb".
Es gibt schwache (=regelmäßige) und starke (unregelmäßige) Verben.
Die Konjugation von schwachen Verben geht wie die Konjugation von „fragen".

Schwache Verben aus Kapitel 1 und 2:
stehen, stellen , liegen, legen, füllen, schauen, suchen, brauchen, zählen, kleben, drücken, bestätigen, wiederholen, versuchen, kaufen, zahlen, bezahlen kochen, trinken, spielen, buchstabieren, ergänzen, schreiben, schicken, telefonieren, entschuldigen, lieben.

Verben mit t oder d im Stammauslaut

finden

ich	finde
du	findest
er / sie / es	findet
wir	finden
ihr	findet
sie / Sie	finden

Im Kapitel 1, Abschnitt 1, Grammatik: „Das Verb" lesen Sie das Beispiel „antworten". Andere schwache Verben mit t und d konjugieren Sie genauso.

finden **heiraten** **warten**

Die Verben

kosten **lauten**

... gibt es nur in den Formen.

er kostet - sie kostet - es kostet - sie kosten
er lautet - sie lautet - es lautet - sie lauten

Verben mit ß, ss, z, sch im Stammauslaut

schließen

ich	schließe
du	schließt
er / sie / es	schließt
wir	schließen
ihr	schließt
sie / Sie	schließen

Im Kapitel 1, Grammatik: „Das Verb" lesen Sie das Beispiel „heißen". Andere schwache Verben mit ß oder ss oder sch gehen genauso.

Verben mit Endung - nen und -eln

öffnen

ich	öffne
du	öffnest
er / sie / es	öffnet
wir	öffnen
ihr	öffnet
sie / Sie	öffnen

bügeln

ich	bügle
du	bügelst
er / sie / es	bügelt
wir	bügeln
ihr	bügelt
sie / Sie	bügeln

Das starke Verb

Starke Verben haben einen Vokalwechsel im Singular bei „du", „er", „sie", „es".

sprechen

ich	spreche
du	sprichst
er / sie / es	spricht
wir	sprechen
ihr	sprecht
sie / Sie	sprechen

sprechen

ich	spreche
du	sprichst
er / sie / es	spricht
wir	sprechen
ihr	sprecht
sie / Sie	sprechen

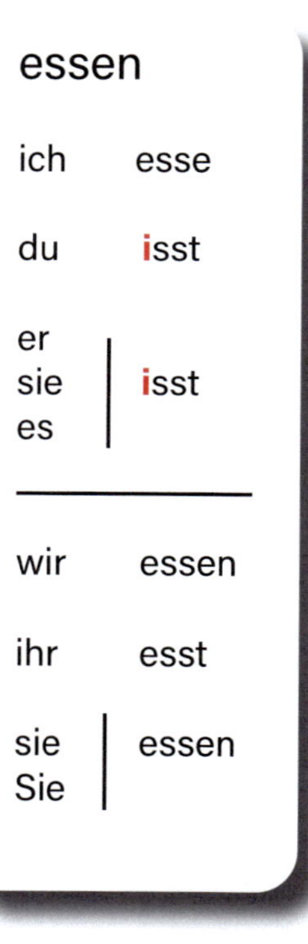

essen

ich	esse
du	isst
er / sie / es	isst
wir	essen
ihr	esst
sie / Sie	essen

e ⇨ ie

lesen	
ich	lese
du	liest
er / sie / es	liest
wir	lesen
ihr	lest
sie / Sie	lesen

sehen	
ich	sehe
du	siehst
er / sie / es	sieht
wir	sehen
ihr	seht
sie / Sie	sehen

e ⇨ i
+ Konsonant-Verdoppelung

nehmen	
ich	nehme
du	nimmst
er / sie / es	nimmt
wir	nehmen
ihr	nehmt
sie / Sie	nehmen

a ⇨ ä

backen	
ich	backe
du	bäckst
er / sie / es	bäckt
wir	backen
ihr	backt
sie / Sie	backen

braten	
ich	brate
du	brätst
er / sie / es	brät
wir	braten
ihr	bratet
sie / Sie	braten

laden	
ich	lade
du	lädst
er / sie / es	lädt
wir	laden
ihr	ladet
sie / Sie	laden

Das trennbare Verb

einkaufen

ich	kaufe .... ein
du	kaufst ... ein
er sie es	kauft .... ein
wir	kaufen .... ein
ihr	kauft ... ein
sie Sie	kaufen ... ein

Es gibt Verben mit zwei Teilen. Den einen Teil konjugieren wir, den anderen stellen wir ans Satzende.

Beispiele:

Ich kaufe gerne im Supermarkt ein.

Das Verb heißt: einkaufen
Die Form heißt: ich kaufe ... ein

Frau Moreno lädt Familie Hoffmann am Abend zum Geburtstagfest ein.

Das Verb heißt: einladen
Die Form heißt: sie lädt ... ein

Genauso konjugieren wir andere trennbare Verben.
Manche sind stark, manche sind schwach.

Trennbare Verben aus den Kapiteln 1 und 2 sind:

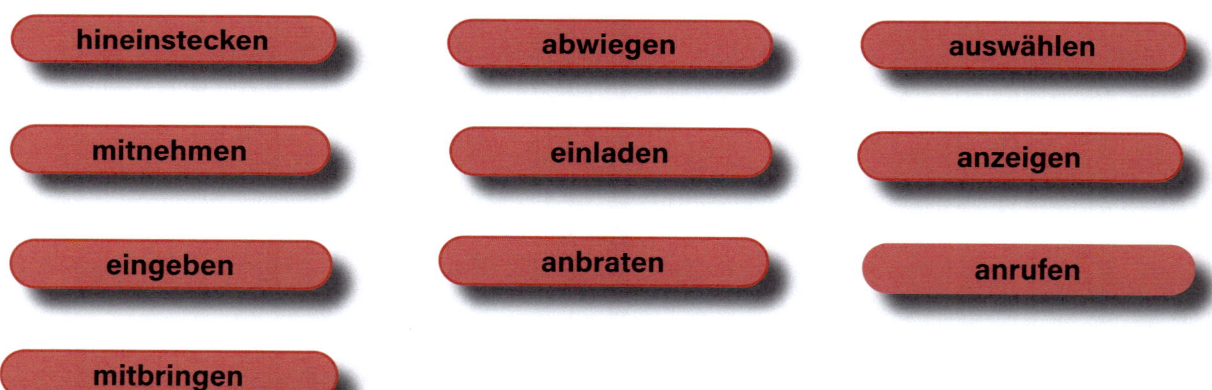

Satzbau

Das Verb steht immer in Position 2

Frage: Was mache ich heute?
Was macht das Essen?

Das Subjekt, das sagt, wer oder was etwas macht / tut
Das Subjekt steht in Position 1 oder 3.

Frage: Wer geht heute in den Supermarkt?
Was steht jetzt auf dem Tisch?

Die Verneinung

Der Nominativ und der Akkusativ 1

Das Subjekt steht immer im Nominativ. Es steht vor oder hinter dem Verb.
Das Objekt steht im Nominativ bei den Verben „sein" und „heißen" .

Beispiele:

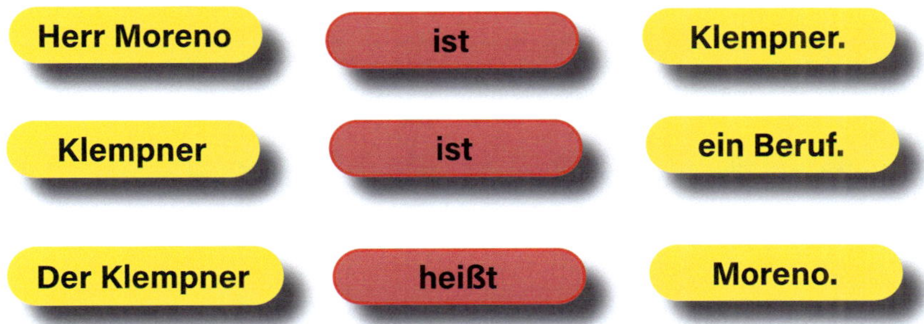

Das Akkusativ-Objekt ist das Ziel-Objekt vom Subjekt.
Das Objekt steht im Akkusativ bei der Frage: „Wen oder was?"

Beispiele:

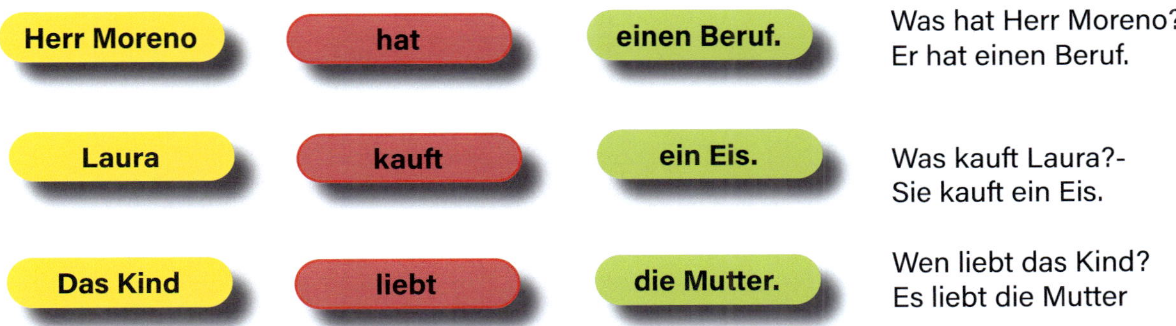

Was hat Herr Moreno?-
Er hat einen Beruf.

Was kauft Laura?-
Sie kauft ein Eis.

Wen liebt das Kind?
Es liebt die Mutter

Der Nominativ und der Akkusativ 2

maskulin

Singular			
Nominativ	der Mann	ein Mann	kein Mann
Akkusativ	den Mann	einen Mann	keinen Mann
Dativ	dem Mann	einem Mann	keinem Mann
Genitiv	des Mannes	eines Mannes	keines Mannes
Plural			
Nominativ	die Männer	Männer	keine Männer
Akkusativ	die Männer	Männer	keine Männer
Dativ	den Männern	Männern	keinen Männern
Genitiv	der Männer	Männern	keiner Männer

feminin

Singular			
Nominativ	die Frau	eine Frau	keine Frau
Akkusativ	die Frau	eine Frau	keine Frau
Dativ	der Frau	einer Frau	keiner Frau
Genitiv	der Frau	einer Frau	keiner Frau
Plural			
Nominativ	die Frauen	Frauen	keine Frauen
Akkusativ	die Frauen	Frauen	keine Frauen
Dativ	den Frauen	Frauen	keinen Frauen
Genitiv	der Frauen	Frauen	keiner Frauen

neutral

Singular			
Nominativ	das Kind	ein Kind	kein Kind
Akkusativ	das Kind	ein Kind	kein Kind
Dativ	dem Kind	einem Kind	keinem Kind
Genitiv	des Kindes	eines Kindes	keines Kindes
Plural			
Nominativ	die Kinder	Kinder	keine Kinder
Akkusativ	die Kinder	Kinder	keine Kinder
Dativ	den Kindern	Kinder	keinen Kindern
Genitiv	der Kinder	Kindern	keiner Kinder

Das schwache Verb (Wiederholung)

Lesen Sie noch einmal in Kapitel 1 und 2, Grammatik: „Das Verb".
Es gibt schwache (=regelmäßige) und starke (unregelmäßige) Verben.
Bei den schwachen gibt es Verben mit der Endung -t, d, und s, ß. tz, z, -sch und mit den Endungen - nen, -eln und -ern.

Verben mit Endung - ern, -eln und -nen

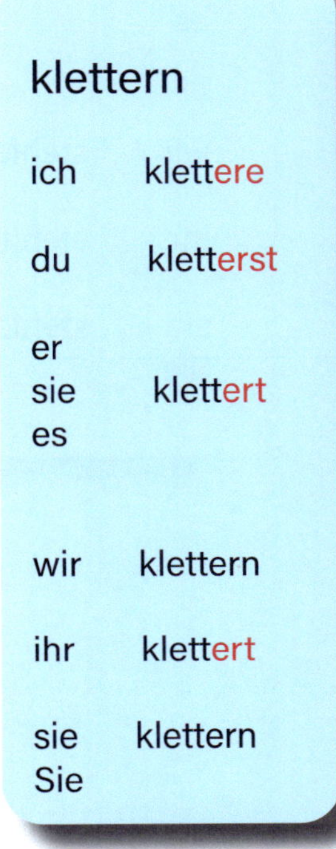

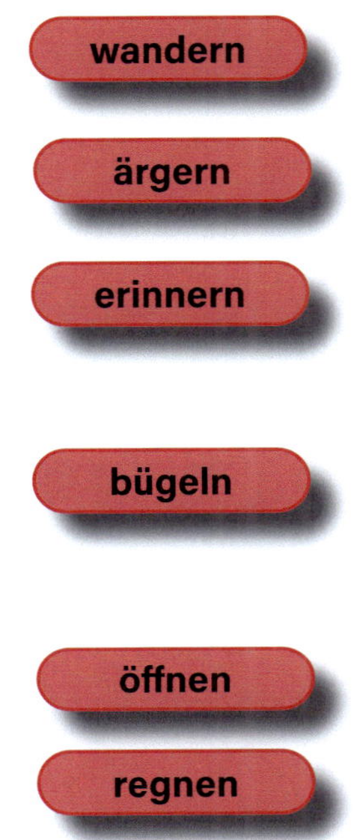

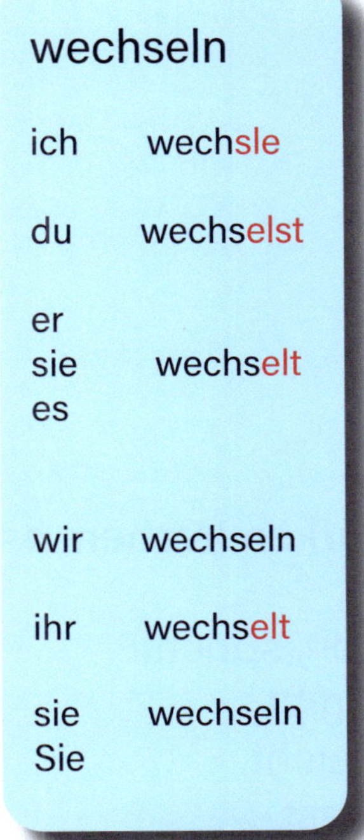

Das starke Verb (Wiederholung)

Starke Verben haben einen Vokalwechsel im Singular bei „du“, „er“, „sie“, „es“.

e ⇨ i

helfen	
ich	helfe
du	hilfst
er sie es	hilft
wir	helfen
ihr	helft
sie Sie	helfen

stehlen	
ich	stehle
du	stiehlst
er sie es	stiehlt
wir	stehlen
ihr	stehlt
sie Sie	stehlen

Alle starken Verben e⇨i und e⇨ie

sprechen, spricht
geben, gibt
sehen, sieht,
lesen, liest,
nehmen, nimmt
essen, isst
treffen, trifft
helfen, hilft
brechen, bricht
ausmessen, misst aus
erschrecken, erschrickt
stechen, sticht
gelten, es gilt
stehlen, stiehlt
schmelzen, schmilzt
sterben, stirbt
anschwellen, schwillt an
empfehlen, empfiehlt
werben, wirbt
verderben, verdirbt
vergessen, vergisst
vorlesen, liest vor
werfen, wirft,

a ⇨ ä

schlafen	
ich	schlafe
du	schläfst
er sie es	schläft
wir	schlafen
ihr	schlaft
sie Sie	schlafen

waschen	
ich	wasche
du	wäschst
er sie es	wäscht
wir	waschen
ihr	wascht
sie Sie	waschen

Alle starken Verben a⇨ä

waschen, wäscht
halten, hält
ausgraben, gräbt aus
fallen, fällt
fahren, fährt
anhalten, hält an
raten, rät
schlagen, schlägt
schlafen, schläft
tragen, trägt
laufen, läuft
zuschlagen, schlägt zu
graben, gräbt
lassen, lässt

Nomen: der Plural

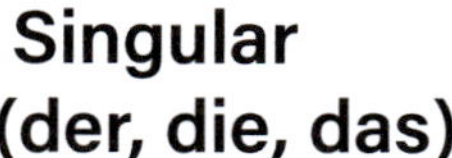

Singular
(der, die, das)

Plural
(die)

Nicht jeder Plural geht nach Regeln.
Aber es gibt Regeln für viele Nomen.

Es gibt 5 Plural Gruppen

Gruppe 1 Plural mit Endung -e

Viele männliche (maskuline) Nomen haben im Plural die Endung -e.
Manche haben im Plural einen Umlaut.

Manche weibliche (feminine) und sächliche (neutrale) Nomen haben aber auch die Endung -e. Sie haben meistens nur eine Silbe.

Alle Nomen der Gruppe 1 aus Kapitel 1-3

<u>Maskulin</u>

der Freund	die Freunde
der Tag	die Tage
der Kurs	die Kurse
der Tisch	die Tische
der Preis	die Preise
der Brief	die Briefe
der Schein	die Scheine
der Zweck	die Zwecke
der Sohn	die Söhne
der Stuhl	die Stühle
der Block	die Blöcke
der Satz	die Sätze
der Plan	die Pläne

der Sack	die Säcke
der Markt	die Märkte
der Ball	die Bälle
der Baum	die Bäume
der Kopf	die Köpfe
der Korb	die Körbe
der Fluss	die Flüsse
der Beruf	die Berufe
der Ingenieur	die Ingenieure
der Bleistift	die Bleistifte
der Abend	die Abende
der Salat	die Salate
der Pfirsich	die Pfirsiche
der Termin	die Termine
der Monat	die Monate
der Moment	die Momente
der Augenblick	die Augenblicke
der Betrag	die Beträge
der Abstand	die Abstände
der Vertrag	die Verträge
der Antrag	die Anträge
-ling	
der Frühling	die Frühlinge
der Steckling	die Stecklinge

Neutral

das Jahr	die Jahre
das Heft	die Hefte
das Spiel	die Spiele
das Meer	die Meere
das Fest	die Feste
das Netz	die Netze
das Stück	die Stücke
das Brot	die Brote
das Tor	die Tore
das Beet	die Beete
das Telefon	die Telefone
das Problem	die Probleme
das Angebot	die Angebote
das Konzert	die Konzerte
das Formular	die Formulare
das Institut	die Institute
das Getränk	die Getränke
das Gewürz	die Gewürze
das Geschäft	die Geschäfte
-nis	
das Zeugnis	die Zeugnisse

Feminin

die Maus	die Mäuse
die Stadt	die Städte
die Hand	die Hände
die Frucht	die Früchte
die Nuss	die Nüsse

Gruppe 2 Plural mit Endung -en / -n

Fast alle femininen Nomen haben im Plural die Endung - en oder -n.

Alle Nomen der Gruppe 2 aus Kapitel 1-3

Feminin

die Schule	die Schulen
die Familie	die Familien
die Suppe	die Suppen
die Dame	die Damen
die Tasse	die Tassen
die Lampe	die Lampen
die Silbe	die Silben
die Küche	die Küchen
die Adresse	die Adressen
die Straße	die Straßen
die Briefmarke	die Briefmarken
die Liste	die Listen
die Grenze	die Grenzen
die Flasche	die Flaschen
die Dose	die Dosen
die Tube	die Tuben
die Speise	die Speisen
die Tasche	die Taschen
die Karotte	die Karotten
die Erbse	die Erbsen
die Bohne	die Bohnen
die Tomate	die Tomaten
die Gurke	die Gurken
die Birne	die Birnen
die Aprikose	die Aprikosen
die Melone	die Melonen
die Zitrone	die Zitronen
die Frikadelle	die Frikadellen
die Soße	die Soßen
die Taste	die Tasten
die Waage	die Waagen
die Kasse	die Kassen
die Tüte	die Tüten
die Rolle	die Rollen
die Theke	die Theken

die Ware	die Waren
die Miete	die Mieten
die Rückseite	die Rückseiten
die Woche	die Wochen
die Stunde	die Stunden
die Sache	die Sachen
die Pflanze	die Pflanzen
die Himbeere	die Himbeeren
die Wunde	die Wunden
die Münze	die Münzen
die Idee	die Ideen
-el	
die Kartoffel	die Kartoffeln
die Zwiebel	die Zwiebeln
die Regel	die Regeln
-er	
die Nummer	die Nummern
-ung	
die Wohnung	die Wohnungen
die Packung	die Packungen
die Einweihung	die Einweihungen
die Abteilung	die Abteilungen
die Werbung	die Werbungen
die Prüfung	die Prüfungen
die Spezialität	die Spezialitäten
die Korrektur	die Korrekturen
die Unterschrift	die Unterschriften
die Nachricht	die Nachrichten
die Arbeit	die Arbeiten
die Frau	die Frauen
die Zeit	die Zeiten
die Bank	die Banken
die Zahl	die Zahlen
-in	
die Freundin	die Freundinnen
die Verkäuferin	die Verkäuferinnen
die Kassiererindie	Kassiererinnen
die Ingenieurindie	Ingenieurinnen
die Lehrerin	die Lehrerinnen

Maskulin

der Name	die Namen
der Herr	die Herren
der See	die Seen
der Staat	die Staaten

Neutral

das Bett	die Betten
das Ohr	die Ohren

Gruppe 3 Keine Endung

Maskuline und neutrale Nomen mit den Endungen -er, el oder -en haben oft gar keine Endung im Plural.

Alle Nomen der Gruppe 3 aus Kapitel 1-3

Maskulin

der Lehrer	die Lehrer
der Ausländer	die Ausländer
der Kugelschreiber	die Kugelschreiber
der Fernseher	die Fernseher
der Becher	die Becher
der Postschalter	die Postschalter
der Computer	die Computer
der Teilnehmer	die Teilnehmer
der Empfänger	die Empfänger
der Auftraggeber	die Auftraggeber
der Finger	die Finger
der Hamburger	die Hamburger
der Vater	die Väter
der Löffel	die Löffel
der Zettel	die Zettel
der Schlüssel	die Schlüssel
der Kuchen	die Kuchen
der Braten	die Braten

mit Umlaut:

der Bruder	die Brüder
der Apfel	die Äpfel
der Boden	die Böden

Neutral

das Zimmer	die Zimmer
das Fenster	die Fenster
das Theater	die Theater
das Leiden	die Leiden
das Schnitzel	die Schnitzel

-chen und -lein

das Mädchen	die Mädchen
das Brötchen	die Brötchen
das Büchlein	die Büchlein

Feminin mit Umlaut

die Tochter	die Töchter
die Mutter	die Mütter

Gruppe 4 Endung -er

Neutrale Nomen mit einer Silbe haben oft die Pluralendung -er.
Sie haben bei o, u, a und au immer einen Umlaut.

Alle Nomen der Gruppe 4 aus Kapitel 1-3

das Kind	die Kinder
das Bild	die Bilder
das Ei	die Eier
das Wort	die Wörter
das Haus	die Häuser
das Dorf	die Dörfer

Maskulin

der Mann	die Männer
der Mund	die Münder

Gruppe 5 Endung -s

(Moderne) Fremdwörter haben fast immer im Plural die Endung -s.
Sie kommen häufig aus dem Englischen, Französischen manchmal auch aus dem Arabischen und anderen Sprachen.

Alle Nomen der Gruppe 5 aus Kapitel 1-3

das Hobby	die Hobbys
die Pizza	die Pizzas
das/der Joghurt	die Joghurts
das Kino	die Kinos
das Restaurant	die Restaurants
das Steak	die Steaks
das Dessert	die Desserts
das Filet	die Filets
der Toast	die Toasts
das Auto	die Autos
das Konto	die Kontos/die Konten

Verb: der Imperativ

Gebrauch: Wann brauchen Sie den Imperativ?

1. Befehle:
Beispiele:
Die Mutter ist böse, weil das Kind wegläuft. Sie sagt: „**Komm** sofort zurück!
Herr Maier fährt zu schnell. Der Polizist sagt:" **Zeigen Si**e mir Ihren Führerschein!"

2. Bitten
Beispiele:
Der Beamte auf dem Amt sagt zu Ihnen: „Unterschreiben Sie bitte hier!"
Die Mutter sagt zu ihrem Kind: „Kauf bitte nach der Schule einen Liter Milch!"

(Der Imperativ ist aber oft nicht freundlich oder höflich genug. Eine höfliche Bitte stellen wir mit Modalverb. Dieses Thema kommt in Kapitel 4.)

Lesen Sie noch einmal im Lehrbuch „Sonntags im Garten" und suchen Sie die Imperative.

Form: Wie bilden Sie den Imperativ?

Das schwache Verb

kochen
du kochst ➪ koch!
ihr kocht ➪ kocht!
Sie kochen➪kochen Sie!

Das schwache Verb mit -t /-d, -nen, -eln, -ern, -igen.

warten
du wartest ➪ warte!
ihr wartet ➪ wartet!
Sie warten ➪ warten Sie!

ebenso:
Finde! Öffne! Bügle! Ärgere! Entschuldige!

Das starke Verb a➪ä

fahren
du fährst ➪ fahr!
ihr fahrt ➪ fahrt
Sie fahren ➪ fahren Sie

ebenso:
Wasch! Halt! Grab! Fall! Lauf! Lass
Rate! Schlag! Schlaf! Trag! Schlag!

Das starke Verb e➪i und e➪ie

sprechen
du sprichst ➪sprich!
ihr sprecht ➪sprecht!
Sie sprechen ➪sprechen Sie!

ebenso:
Wirf! Lies! Vergiss! Wirb! Hilf! Triff!
Stirb! Stich! Miss! Brich! Iss! Nimm!

Der Imperativ von „haben" und „sein"

haben
du hast ➪ hab!
ihr habt ➪habt!
Sie haben ➪ haben Sie

sein
du bist ➪ sei!
ihr seid ➪ seid
sie sind ➪ Seien Sie!

Das Verb „wissen"

wissen	
ich	weiß
du	weißt
er sie es	weiß
wir	wissen
ihr	wisst
sie Sie	wissen

Wann gebrauchen wir „wissen", wann „kennen"?

Beispiele:

kennen

1. Gehen wir essen? Ich kenne ein gutes Restaurant.
2. Das ist Herr Mayer. Kennen Sie den Herrn? -
   Ja, ich kenne Herrn Mayer. Wir spielen zusammen Fußball.
3. Du lachst ja gar nicht. Kennst du den Witz schon?
4. Die Lehrerin sagt im Englischunterricht: „Kennt ihr das Wort „conversation"?"
5. „Was ist mit deinem Auto? Ist es Kaputt?" -
   „Nein, nein, das glaube ich nicht. Ich kenne mein Auto. Da ist bestimmt kein Benzin im Tank."
6. „Wir warten jetzt schon eine halbe Stunde auf Erich. Kommt er denn noch?"
   „Ja, ja, ich kenne meinen Freund. Er kommt wieder einmal zu spät."

wissen

1. Wissen Sie, wie das Restaurant heißt und wo es ist?
2. Ich suche Herrn Müller. Weißt du, wo Herr Müller ist?
3. Weißt du, wie spät es ist?
4. „Wann fährt der Zug?" - „Fragen Sie den Schalterbeamten.
   Er weiß das, denn er kennt die Abfahrtszeiten.".
5. „Wie viel kostet das?" - „Das weiß ich nicht."
6. „Nehmen schreibt man mit „h"." - „Das weiß ich schon."
7. „Kommen Sie morgen nicht zu spät." - „Ja, ich weiß, Herr Mayer wartet schon."

Nomen: der Genitiv

Gebrauch: Wann brauchen Sie den Genitiv?

Mit dem Genitiv sagen wir, wer etwas hat oder besitzt.
So kann man aus zwei Sätzen einen Satz machen.

Beispiel:

Der Mann hat ein Auto. Das Auto ist teuer.
= Das Auto des Mannes ist teuer.

Die Frau hat ein Auto. Das Auto ist teuer.
= Das Auto der Frau ist teuer.

Das Kind hat einen Ball. Der Ball ist schön.
= Der Ball des Kindes ist schön.

Die Menschen haben Zeit. Die Zeit ist schön.
= Die Zeit der Menschen ist schön.

Form: Wie bilden Sie den Genitiv?

Nominativ Singular	Genitiv Singular			
maskulin				
der Mann	**des Mannes**	**eines Mannes**	**keines Mannes**	**dieses Mannes**
der Lehrer	**des Lehrers**	**eines Lehrers**	**keines Lehrers**	**dieses Lehrers**
neutral				
das Buch	**des Buches**	**eines Buches**	**keines Buches**	**dieses Buches**
das Gespräch	**des Gesprächs**	**eines Gesprächs**	**keines Gesprächs**	**dieses Gesprächs**
feminin				
die Frau	**der Frau**	**einer Frau**	**keiner Frau**	**dieser Frau**
Nominativ Plural maskulin, neutral und feminin	Genitiv			
die Männer **die Frauen**	**der Männer** **der Frauen**		**keiner Männer**	**dieser Männer**

Regeln:
Maskuline und neutrale Nomen bilden den Genitiv mit
der Endung -es bei einsilbigen und -s bei mehrsilbigen Nomen.
Feminine Nomen bilden den Genitiv ohne Endung.
Der Plural ist ohne Endung.

Das Modalverb

1. Formen:

können	wollen	„möchten"*	dürfen	müssen	sollen
ich kann du kannst	ich will du willst	ich möchte du möchtest	ich darf du darfst	ich muss du musst	ich soll du sollst
er sie kann es	er sie will es	er sie möchte es	er sie darf es	er sie muss es	er sie soll es
wir können ihr könnt	wir wollen ihr wollt	wir möchten ihr möchtet	wir dürfen ihr dürft	wir müssen ihr müsst	wir sollen ihr sollt
sie können Sie	sie wollen Sie	sie möchten Sie	sie dürfen Sie	sie müssen Sie	sie sollen Sie

2. Bedeutung:

Modalverben geben den anderen Verben eine besondere Bedeutung.
Sie drücken aus, wie etwas gemeint ist.

Übersetzen Sie das Modalverb:

1. Ich miete heute eine Wohnung. ______________________

2. Ich **kann** heute eine Wohnung mieten. ______________________
   Das heißt: Es gibt heute eine **Möglichkeit** zu mieten.

3. Ich **will** heute eine Wohnung mieten. ______________________
   Das heißt: Ich habe den **Willen** zu mieten.

4. Ich **möchte** heute eine Wohnung mieten. _ ______________________
   Das heißt: ich habe den **Willen** zu mieten..

5. Ich **darf** heute eine Wohnung mieten.
   Das heißt: Es gibt die **Erlaubnis** zu mieten. ______________________

6. Ich **muss** heute eine Wohnung mieten.
   Ich habe den **Zwang**, eine Wohnung zu mieten. ______________________

7. Ich **soll** heute eine Wohnung mieten.
   Das heißt: **Jemand befiehlt mir oder es gibt ein Gesetz** zu mieten. ______________________

(Es gibt den Infinitiv „möchten" nicht, da dies ein Konjunktiv von „mögen" ist.)

3. Satzbau

Das Modalverb steht an 2. Stelle im Satz.
Das andere Verb (Vollverb) steht am Ende.
Trennbare Verben schreibt man zusammen.

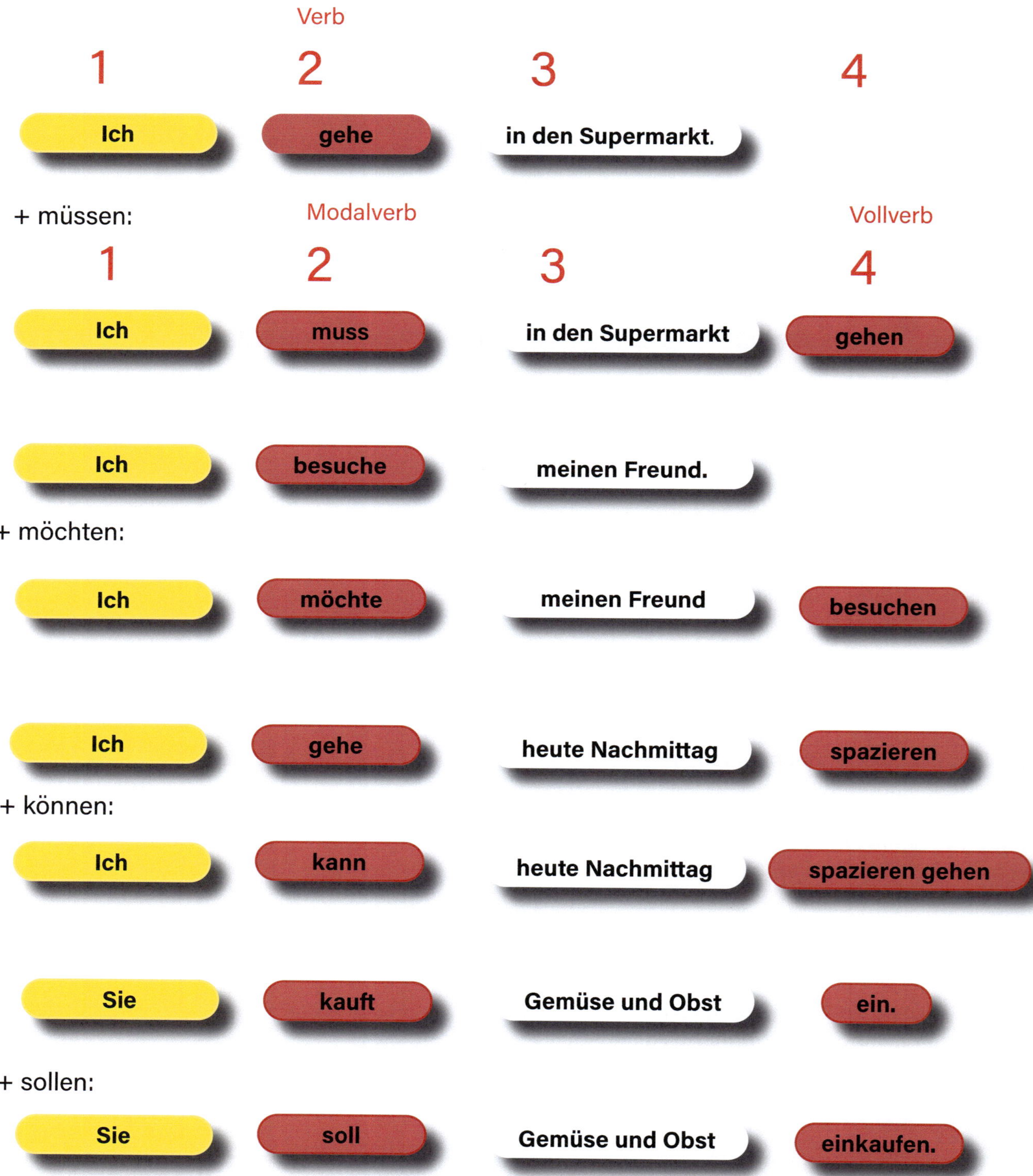

Nomen: der Dativ

Wenn wir zwei Personen und eine Sache im Satz haben,
dann brauchen wir oft den Dativ für die zweite Person des Satzes.

Es gibt bestimmte Verben, die mit Dativ gehen, zum Beispiel „geben".

Das Verb steht wie immer an 2. Stelle!

Die Deklination des Nomens

maskulin

Singular			
Nominativ	der Mann	ein Mann	kein Mann
Akkusativ	den Mann	einen Mann	keinen Mann
Dativ	dem Mann	einem Mann	keinem Mann
Genitiv	des Mannes	eines Mannes	keines Mannes
Plural			
Nominativ	die Männer	Männer	keine Männer
Akkusativ	die Männer	Männer	keine Männer
Dativ	den Männern	Männern	keinen Männern
Genitiv	der Männer	Männern	keiner Männer

feminin

Singular			
Nominativ	die Frau	eine Frau	keine Frau
Akkusativ	die Frau	eine Frau	keine Frau
Dativ	der Frau	einer Frau	keiner Frau
Genitiv	der Frau	einer Frau	keiner Frau
Plural			
Nominativ	die Frauen	Frauen	keine Frauen
Akkusativ	die Frauen	Frauen	keine Frauen
Dativ	den Frauen	Frauen	keinen Frauen
Genitiv	der Frauen	Frauen	keiner Frauen

neutral

Singular			
Nominativ	das Kind	ein Kind	kein Kind
Akkusativ	das Kind	ein Kind	kein Kind
Dativ	dem Kind	einem Kind	keinem Kind
Genitiv	des Kindes	eines Kindes	keines Kindes
Plural			
Nominativ	die Kinder	Kinder	keine Kinder
Akkusativ	die Kinder	Kinder	keine Kinder
Dativ	den Kindern	Kinder	keinen Kindern
Genitiv	der Kinder	Kindern	keiner Kinder

Besondere Verben

1. Das Verb „mögen"

mögen

ich mag
du magst

er
sie mag
es

wir mögen
ihr mögt

sie mögen
Sie

Zur Bedeutung von „lieben" oder „mögen"

Beispiele:

Petra und Hans lieben sich. Sie wollen heiraten.

Eltern lieben ihre Kinder.

Peter und Hans mögen sich. Sie sind gute Freunde und gehen gern zusammen ins Kino.

Ich mag gerne Eis, aber ich mag keine Pommes.

2. Das Verb „werden"

werden

ich werde
du wirst

er
sie wird
es

wir werden
ihr werdet

sie werden
Sie

Zur Bedeutung von „werden"

Beispiele:

Sie hat morgen Geburtstag und wird 16 Jahre alt.

Nach einer Stunde werden sie müde und brauchen eine Pause.

„Was möchtest du einmal werden?" , fragt die Mutter ihren Sohn.
„Ich möchte Lehrer werden.", antwortet er.

aber auch:
Er wird morgen nach Hause kommen.
(Zukunft, Futur, Satzbau wie Modalverb)

3. Das Verb „lassen"

lassen

ich lasse
du lässt

er
sie lässt
es

wir lassen
ihr lasst

sie lassen
Sie

Zur Bedeutung von „lassen"

Beispiele:

1. „Lassen Sie Ihren Mantel an der Garderobe."

2. „Darf ich Ihre Tasche nehmen?" - „Nein, lassen Sie nur. Das kann ich selbst."

3. „Bitte lass mich gehen!" - „Nein, du darfst nicht gehen. Du musst hierbleiben."

4. Ich repariere mein Auto nicht selbst. Ich lasse mein Auto reparieren.

Das Possesivpronomen

Wann brauchen wir ein Possesivpronomen?

Das Possessivpronomen sagt, wem etwas gehört.
Es sagt uns, wer etwas besitzt, ähnlich wie der Genitiv.

Beispiele:

Ich habe ein Buch. — Das ist **mein** Buch.

Der Lehrer sagt zu Frau Jonosa:
„**Sie** haben ein Buch. — Das ist **Ihr** Buch."

Die Mutter sagt zu Bimata:
„**Du** hast ein Buch. — Das ist **dein** Buch."

Der Mann hat ein Buch. — Das ist **sein** Buch.
Die Frau hat ein Buch. — Das ist **ihr** Buch.
Das Kind hat ein Buch. — Das ist **sein** Buch.

Wir haben ein Buch. — Das ist **unser** Buch.

Ihr habt ein Buch. — Das ist **euer** Buch.

Die Teilnehmer des Sprachkurses haben ein Zimmer. — Das ist **ihr** Zimmer.

Das Possessivpronomen gehört immer zu einem Nomen.
Also steht es immer wie ein Artikel vor dem Nomen.
Es hat dann dieselbe Endung wie „kein, keine, keinen...usw."

Beispiel

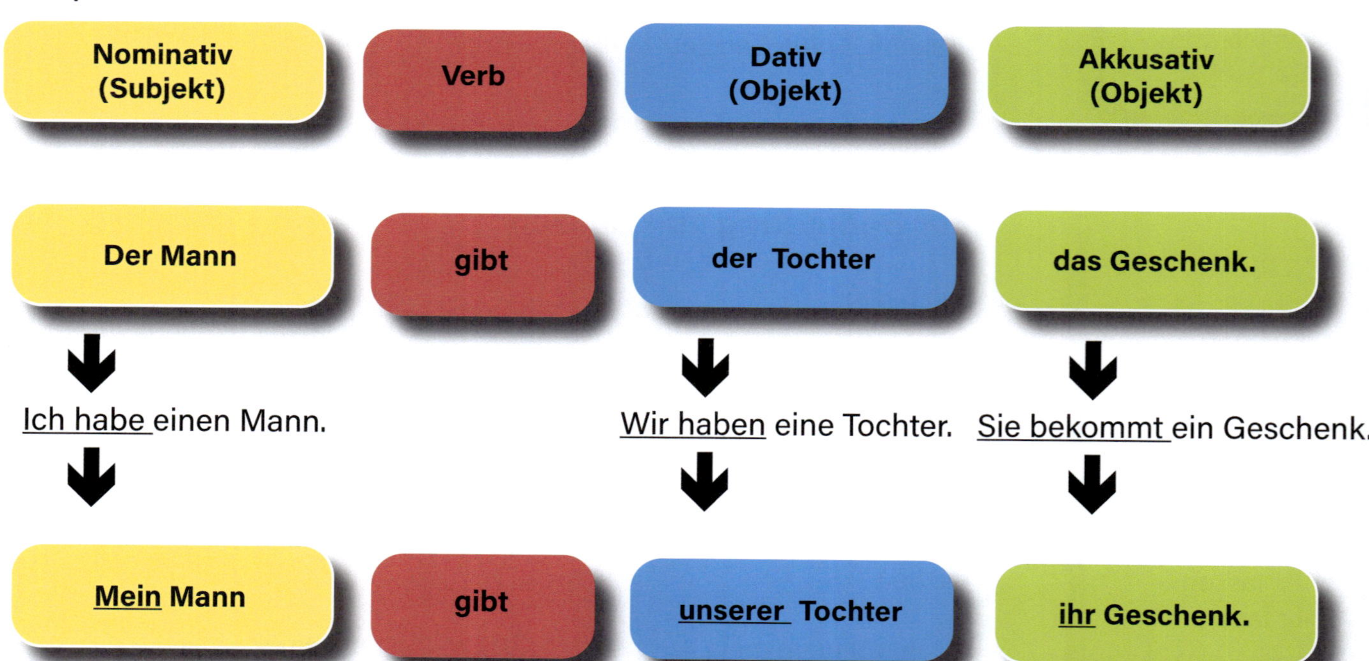

Die Deklination des Possessivpronomens

Die Formen lauten also:

maskulin

Singular	
Nominativ	mein Anzug
Akkusativ	meinen Anzug
Dativ	meinem Anzug
Genitiv	meines Anzugs
Plural	
Nominativ	meine Anzüge
Akkusativ	meine Anzüge
Dativ	meinen Anzügen
Genitiv	meiner Anzüge

feminin

Singular	
Nominativ	meine Tasche
Akkusativ	meine Tasche
Dativ	meiner Tasche
Genitiv	meiner Tasche
Plural	
Nominativ	meine Taschen
Akkusativ	meine Taschen
Dativ	meinen Taschen
Genitiv	meiner Tasche

neutral

Singular	
Nominativ	meine Tasche
Akkusativ	meine Tasche
Dativ	meiner Tasche
Genitiv	meiner Tasche
Plural	
Nominativ	meine Taschen
Akkusativ	meine Taschen
Dativ	meinen Taschen
Genitiv	meiner Tasche

Die Ordinalzahlen

1. der Erste, die Erste, das Erste
2. der Zweite
3. der Dritte
4. der Vierte
5. der Fünfte
6. der Sechste
7. der Siebte
8. der Achte
9. der Neunte
10. der Zehnte
11. der Elfte
12. der Zwölfte
13. der Dreizehnte...

20. der Zwanzigste
21. der Einundzwanzigste
22. der Zweiundzwanzigste....
30. der Dreißigste
40. der Vierzigste
50. der Fünfzigste
60. der Sechzigste
70. der Siebzigste...

100. der Hundertste...

1000 der Tausendste...

10 000 der Zehntausendste...

100 000 der Hundertausendste...

Jahreszahlen

1901-2000	= das 20. Jahrhundert
1801-1899	= das 19. Jahrhundert
1101-1199	= das zwölfte Jahrhundert
2 001-2099 zweitausend	= das 21. Jahrhundert

2007 zweitausendsieben
2010 zweitausendzehn
2020 zweitausendzwanzig
2024 zweitausendvierundzwanzig

1977 neunzehnhundertsiebenundsiebzig
1964 neunzehnhundertvierundsechzig

Datum

01.01.2010 der erste Erste zweitausendzehn
oder: der erste Januar zweitausendzehn

22.09.1964 der zweiundzwanzigste Neunte neunzehnhundertvierundsechzig
oder: der zweiundzwanzigste September vierundsechzig

Das Personalpronomen

Wann brauchen wir ein Personalpronomen?

Das Personalpronomen steht für ein Nomen.
Wir können zum Beispiel sagen:
„Herr Moreno" oder „er", „das Auto" oder „es", „die Frau" oder „sie".

Auch die Nomen im Dativ und im Akkusativ können wir mit einem Personalpronomen ersetzen.
Wir können zum Beispiel sagen:
„dem Herrn" oder „ihm", „der Frau" oder „ihr".

Beispiele:

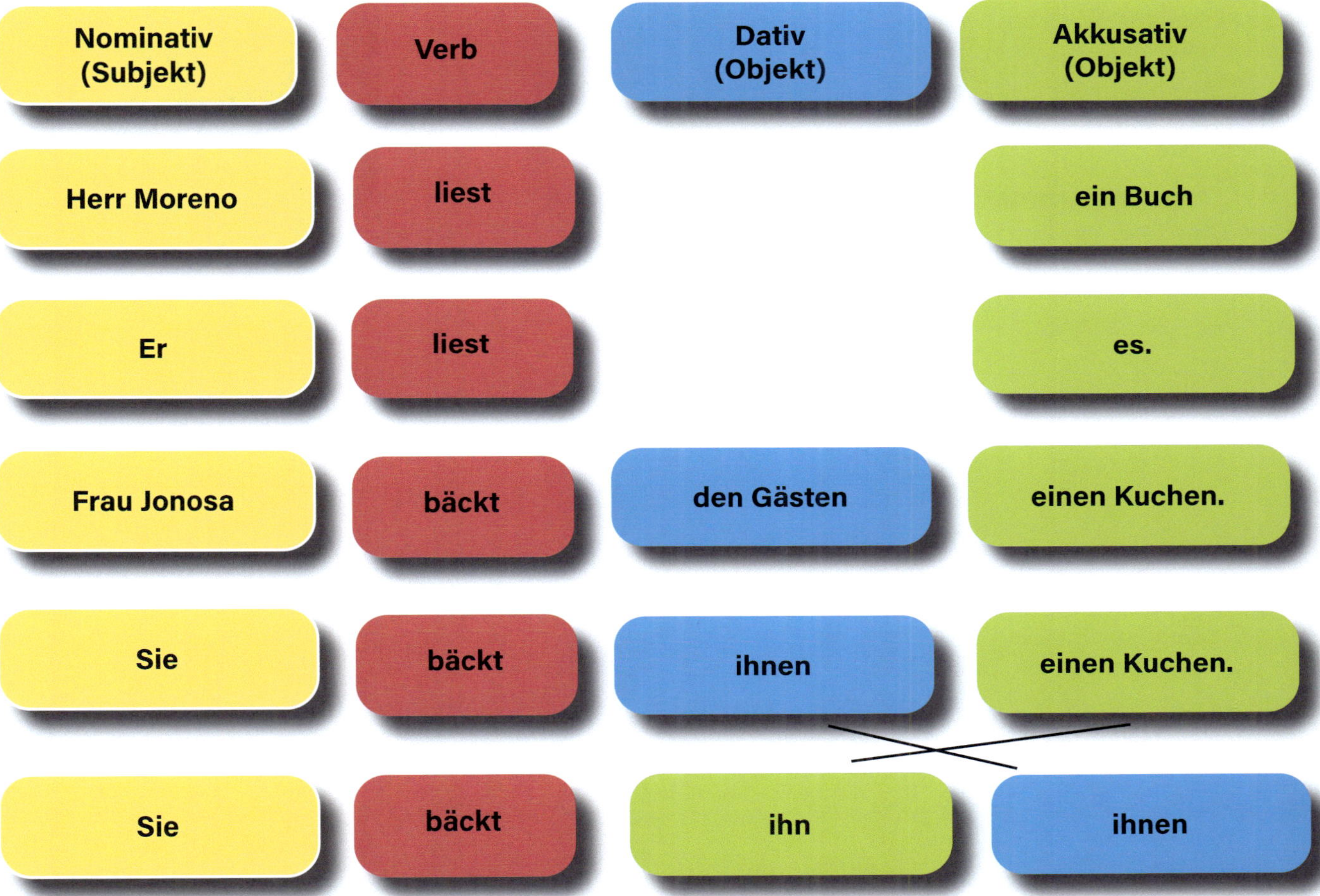

Kommt ein Personalpronomen im Dativ und im Akkusativ vor, dann stellt man sie um.

Die Deklination des Personalpronomens

Nominativ	Akkusativ	Dativ
ich	mich	mir
du	dich	dir
er sie es	ihn sie es	ihm ihr ihm
wir	uns	uns
ihr	euch	euch
sie	sie	ihnen
Anrede: Sie	**Anrede:** Sie	**Anrede:** Ihnen

Wechselpräpositionen

Was sind Präpositionen?

Eine Präposition zeigt auf den Ort oder die Richtung oder die Zeit.
Wir erfahren, wo etwas ist, wohin die Richtung geht oder wann etwas ist.
Auf eine Präposition folgt das Nomen im Dativ oder im Akkusativ, ganz selten im Genitiv.

Was sind Wechselpräpositionen?

Wechselpräpositionen können Ort oder Richtung angeben.
Wenn wir erfahren, wo etwas ist, also den Ort, folgt der Dativ.
Wenn wir erfahren, wohin die Richtung geht, folgt der Akkusativ.

Es gibt 9 Wechselpräpositionen:

in, an , auf, über, unter, vor, hinter, neben, zwischen.

in, an, bei, von und zu zieht man im Maskulinum bei Dativ Singular zusammen:

in dem	⇨	im
an dem	⇨	am
bei dem	⇨	beim
von dem	⇨	vom
zu dem	⇨	zum
zu der	⇨	zur

und im Maskulinum oder Neutrum bei Akkusativ Singular

in das	⇨	ins
auf das	⇨	aufs

und im Femininum bei Dativ Singular

zu der	⇨	zur

in

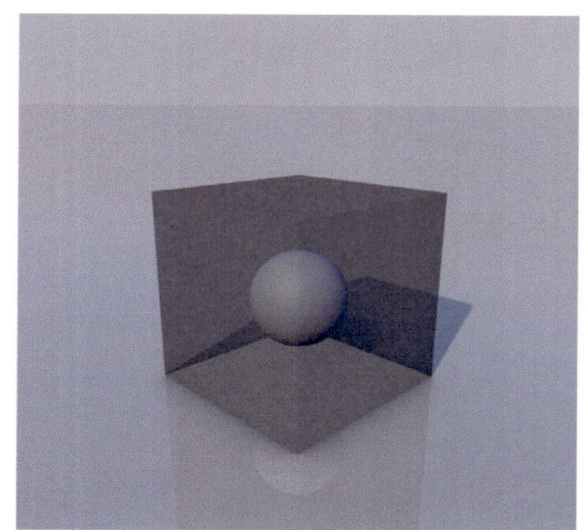

an

auf

über

unter

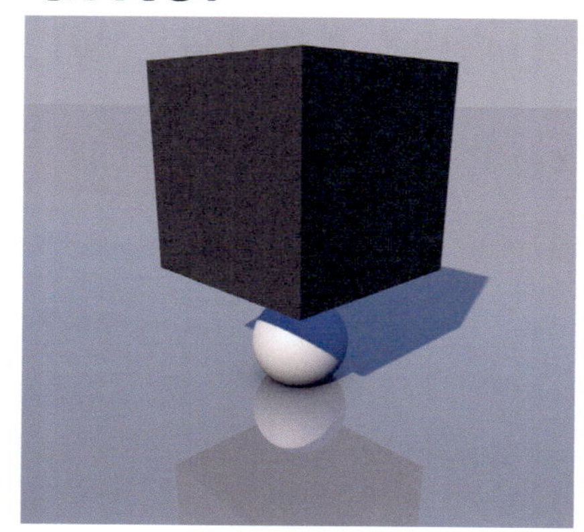

vor

hinter

neben

zwischen

Präpositionen mit Akkusativ

Auf die Präpositionen:

durch, um, gegen, für, ohne, bis,

folgt der Akkusativ.

Die Präposition

entlang

hat nachgestellt einen Akkusativ (die Straße entlang)
vorgestellt einen Genitiv (entlang der Straße)

Präpositionen mit Dativ

Auf die Präpositionen:

aus, von, zu, nach, bei, gegenüber, mit

folgt der Dativ.

Präpositionen mit Zeitangaben

Wechselpräpositionen gibt es nur bei Ort und Richtung.

Bei Zeitangaben folgt auf

an, in, vor, zwischen ⇨ Dativ

auf, über ⇨ Akkusativ

Bildquellen

S.8-11: Grafiken gemeinfrei von www.pixabay.com
S. 44: Grafiken speziell für dieses Buch angefertigt von Arthur Otte.